하 · 루 · 를 · 여 · 는 · 큐 · 티

큐티 노트

QT 큐티노트를 이렇게 활용하세요.

찬양으로 시작하세요.

찬양은 마음을 하나님께로 향하게 합니다. 자신이 좋아하는 찬송이나 복음 송가를 드리십시오.

성령의 도우심을 구하세요.

성경은 하나님의 감동으로 쓰여진 책입니다. 따라서 말씀을 정확히 이해하기 위해선 성령의 도우심이 필요합니다. 기도로 그 도우심을 구하세요.

말씀을 읽으세요.

하나님께서 지금 나에게 하시는 말씀을 듣는다는 자세로 읽으세요.
깊이읽기의 말씀을 5번 이상 읽으면서 본문의 내용을 이해하세요.
말씀을 읽는 중에 깨달아지는 교훈과 감동되는 말씀에 밑줄을 그으세요.

적용으로 만드세요.

적용은 그날 하루를 사는 행동지침입니다 자신이 행할 수 있도록 구체적으로 적용을 만들어 보세요.

기도로 마치세요.

아무리 구체적으로 적용을 만들었어도 하나님의 도우심이 없으면 실천하기 힘듭니다. 따라서 말씀을 지킬 수 있게 해 달라고 기도해야 합니다.

적용은 꼭 점검하세요.

다음날 큐티를 시작할 때 전날 말씀대로 살았는지 못 살았는지 확인하고 반성하는 것입니다. 아마 여러분의 삶에 놀라운 변화들이 있을 것입니다.

"내가 주의 법을

어찌 그리 사랑하는지요

내가 그것을

종일 묵상하나이다"

(시편 119:97)

년 월 일

오늘의 말씀:

오늘 실천할 일

함께 기도할 제목

나에게 주신 말씀

기도할 제목

년 월 일

오늘의 말씀:

나에게 주신 말씀

오늘 실천할 일

함께 기도할 제목

기도할 제목

년 월 일

오늘의 말씀:

나에게 주신 말씀

오늘 실천할 일

함께 기도할 제목

기도할 제목

년 월 일

오늘의 말씀:

오늘 실천할 일

함께 기도할 제목

나에게 주신 말씀

기도할 제목

년 월 일

오늘의 말씀:

나에게 주신 말씀

오늘 실천할 일

함께 기도할 제목

기도할 제목

년 월 일

오늘의 말씀:

오늘 실천할 일

함께 기도할 제목

나에게 주신 말씀

기도할 제목

년 월 일

오늘의 말씀:

오늘 실천할 일

함께 기도할 제목

나에게 주신 말씀

기도할 제목

"하나님의 도는

완전하고 여호와의 말씀은

정미하니 저는 자기에게 피하는

모든 자의 방패시로다"

(시 18:30)

년 월 일

오늘의 말씀:

나에게 주신 말씀

오늘 실천할 일

함께 기도할 제목

기도할 제목

년 월 일

오늘의 말씀:

오늘 실천할 일

함께 기도할 제목

나에게 주신 말씀

기도할 제목

년 월 일

오늘의 말씀:

오늘 실천할 일

나에게 주신 말씀

함께 기도할 제목

기도할 제목

년 월 일

오늘의 말씀:

오늘 실천할 일

함께 기도할 제목

나에게 주신 말씀

기도할 제목

년 월 일

오늘의 말씀:

오늘 실천할 일

함께 기도할 제목

나에게 주신 말씀

기도할 제목

년 월 일

오늘의 말씀:

나에게 주신 말씀

오늘 실천할 일

함께 기도할 제목

기도할 제목

년 월 일

오늘의 말씀:

나에게 주신 말씀

오늘 실천할 일

함께 기도할 제목

기도할 제목

"예수께서 가라사대
오히려 하나님의 말씀을 듣고
지키는 자가 복이 있느니라"
(눅 11:28)

년 월 일

오늘의 말씀:

오늘 실천할 일

나에게 주신 말씀

함께 기도할 제목

기도할 제목

년 월 일

오늘의 말씀:

나에게 주신 말씀

오늘 실천할 일

함께 기도할 제목

기도할 제목

년 월 일

나에게 주신 말씀

오늘의 말씀:

오늘 실천할 일

함께 기도할 제목

기도할 제목

년 월 일

오늘의 말씀:

나에게 주신 말씀

오늘 실천할 일

함께 기도할 제목

기도할 제목

년 월 일

오늘의 말씀:

오늘 실천할 일

함께 기도할 제목

나에게 주신 말씀

기도할 제목

년 월 일

오늘의 말씀:

나에게 주신 말씀

오늘 실천할 일

함께 기도할 제목

기도할 제목

년 월 일

오늘의 말씀:

오늘 실천할 일

함께 기도할 제목

나에게 주신 말씀

기도할 제목

"너희가 내 안에 거하고

내 말이 너희 안에 거하면

무엇이든지 원하는 대로 구하라

그리하면 이루리라"

(요 15:7)

년 월 일

오늘의 말씀:

나에게 주신 말씀

오늘 실천할 일

함께 기도할 제목

기도할 제목

년 월 일

오늘의 말씀:

나에게 주신 말씀

오늘 실천할 일

함께 기도할 제목

기도할 제목

년 월 일

오늘의 말씀:

나에게 주신 말씀

오늘 실천할 일

함께 기도할 제목

기도할 제목

년 월 일

오늘의 말씀:

나에게 주신 말씀

오늘 실천할 일

함께 기도할 제목

기도할 제목

년 월 일

오늘의 말씀:

나에게 주신 말씀

오늘 실천할 일

함께 기도할 제목

기도할 제목

년 월 일

오늘의 말씀:

나에게 주신 말씀

오늘 실천할 일

함께 기도할 제목

기도할 제목

년 월 일

오늘의 말씀:

나에게 주신 말씀

오늘 실천할 일

함께 기도할 제목

기도할 제목

"여호와의 교훈은

정직하여 마음을 기쁘게 하고

여호와의 계명은 순결하여

눈을 밝게 하도다"

(시 19:8)

년 월 일

오늘의 말씀:

오늘 실천할 일

함께 기도할 제목

나에게 주신 말씀

기도할 제목

년 월 일

오늘의 말씀:

나에게 주신 말씀

오늘 실천할 일

함께 기도할 제목

기도할 제목

년 월 일

오늘의 말씀:

오늘 실천할 일

함께 기도할 제목

나에게 주신 말씀

기도할 제목

년 월 일

오늘의 말씀:

오늘 실천할 일

함께 기도할 제목

나에게 주신 말씀

기도할 제목

년 월 일

오늘의 말씀:

나에게 주신 말씀

오늘 실천할 일

함께 기도할 제목

기도할 제목

년 월 일

오늘의 말씀:

나에게 주신 말씀

오늘 실천할 일

함께 기도할 제목

기도할 제목

년 월 일

오늘의 말씀:

오늘 실천할 일

함께 기도할 제목

나에게 주신 말씀

기도할 제목

"눈을 돌이켜
허탄한 것을
보지 말게 하시고
주의 도에 나를
소성케 하소서"
(시 119:37)

년 월 일

오늘의 말씀:

나에게 주신 말씀

오늘 실천할 일

함께 기도할 제목

기도할 제목

년 월 일

오늘의 말씀:

오늘 실천할 일

함께 기도할 제목

나에게 주신 말씀

기도할 제목

년 월 일

오늘의 말씀:

나에게 주신 말씀

오늘 실천할 일

함께 기도할 제목

기도할 제목

년 월 일

오늘의 말씀:

오늘 실천할 일

함께 기도할 제목

나에게 주신 말씀

기도할 제목

년 월 일

오늘의 말씀:

오늘 실천할 일

나에게 주신 말씀

함께 기도할 제목

기도할 제목

년 월 일

오늘의 말씀:

오늘 실천할 일

함께 기도할 제목

나에게 주신 말씀

기도할 제목

년 월 일

오늘의 말씀:

나에게 주신 말씀

오늘 실천할 일

함께 기도할 제목

기도할 제목

"하나님의 도는

완전하고 여호와의 말씀은

정미하니 저는 자기에게 피하는

모든 자의 방패시로다"

(시 18:30)

년 월 일

오늘의 말씀:

나에게 주신 말씀

오늘 실천할 일

함께 기도할 제목

기도할 제목

년 월 일

오늘의 말씀:

나에게 주신 말씀

오늘 실천할 일

함께 기도할 제목

기도할 제목

년 월 일

오늘의 말씀:

오늘 실천할 일

함께 기도할 제목

나에게 주신 말씀

기도할 제목

년 월 일

오늘의 말씀:

나에게 주신 말씀

오늘 실천할 일

함께 기도할 제목

기도할 제목

년 월 일

오늘의 말씀:

오늘 실천할 일

함께 기도할 제목

나에게 주신 말씀

기도할 제목

년 월 일

오늘의 말씀:

나에게 주신 말씀

오늘 실천할 일

함께 기도할 제목

기도할 제목

년 월 일

오늘의 말씀:

나에게 주신 말씀

오늘 실천할 일

함께 기도할 제목

기도할 제목

"예수께서 가라사대
오히려 하나님의 말씀을 듣고
지키는 자가 복이 있느니라"
(눅 11:28)

년 월 일

오늘의 말씀:

나에게 주신 말씀

오늘 실천할 일

함께 기도할 제목

기도할 제목

년 월 일

오늘의 말씀:

나에게 주신 말씀

오늘 실천할 일

함께 기도할 제목

기도할 제목

년 월 일

오늘의 말씀:

오늘 실천할 일

함께 기도할 제목

나에게 주신 말씀

기도할 제목

년 월 일

오늘의 말씀:

오늘 실천할 일

함께 기도할 제목

나에게 주신 말씀

기도할 제목

년 월 일

오늘의 말씀:

나에게 주신 말씀

오늘 실천할 일

함께 기도할 제목

기도할 제목

년 월 일

오늘의 말씀:

나에게 주신 말씀

오늘 실천할 일

함께 기도할 제목

기도할 제목

년 월 일

오늘의 말씀:

나에게 주신 말씀

오늘 실천할 일

함께 기도할 제목

기도할 제목

"너희가 내 안에 거하고

내 말이 너희 안에 거하면

무엇이든지 원하는 대로 구하라

그리하면 이루리라"

(요 15:7)

년 월 일

오늘의 말씀:

오늘 실천할 일

함께 기도할 제목

나에게 주신 말씀

기도할 제목

년 월 일

오늘의 말씀:

나에게 주신 말씀

오늘 실천할 일

함께 기도할 제목

기도할 제목

년 월 일

오늘의 말씀:

나에게 주신 말씀

오늘 실천할 일

함께 기도할 제목

기도할 제목

년 월 일

오늘의 말씀:

나에게 주신 말씀

오늘 실천할 일

함께 기도할 제목

기도할 제목

년 월 일

오늘의 말씀:

오늘 실천할 일

함께 기도할 제목

나에게 주신 말씀

기도할 제목

년 월 일

오늘의 말씀:

오늘 실천할 일

함께 기도할 제목

나에게 주신 말씀

기도할 제목

년 월 일

오늘의 말씀:

나에게 주신 말씀

오늘 실천할 일

함께 기도할 제목

기도할 제목

"여호와의 교훈은

정직하여 마음을 기쁘게 하고

여호와의 계명은 순결하여

눈을 밝게 하도다"

(시 19:8)

년 월 일

오늘의 말씀:

오늘 실천할 일

함께 기도할 제목

나에게 주신 말씀

기도할 제목

년 월 일

오늘의 말씀:

나에게 주신 말씀

오늘 실천할 일

함께 기도할 제목

기도할 제목

년 월 일

오늘의 말씀:

나에게 주신 말씀

오늘 실천할 일

함께 기도할 제목

기도할 제목

년 월 일

오늘의 말씀:

나에게 주신 말씀

오늘 실천할 일

함께 기도할 제목

기도할 제목

년 월 일

오늘의 말씀:

오늘 실천할 일

함께 기도할 제목

나에게 주신 말씀

기도할 제목

년 월 일

오늘의 말씀:

나에게 주신 말씀

오늘 실천할 일

함께 기도할 제목

기도할 제목

년 월 일

오늘의 말씀:

나에게 주신 말씀

오늘 실천할 일

함께 기도할 제목

기도할 제목

"눈을 돌이켜
허탄한 것을
보지 말게 하시고
주의 도에 나를
소성케 하소서"
(시 119:37)

년 월 일

오늘의 말씀:

오늘 실천할 일

나에게 주신 말씀

함께 기도할 제목

기도할 제목

년 월 일

오늘의 말씀:

나에게 주신 말씀

오늘 실천할 일

함께 기도할 제목

기도할 제목

년 월 일

오늘의 말씀:

나에게 주신 말씀

오늘 실천할 일

함께 기도할 제목

기도할 제목

년 월 일

오늘의 말씀:

오늘 실천할 일

함께 기도할 제목

나에게 주신 말씀

기도할 제목

년 월 일

오늘의 말씀:

나에게 주신 말씀

오늘 실천할 일

함께 기도할 제목

기도할 제목

년 월 일

나에게 주신 말씀

오늘의 말씀:

오늘 실천할 일

함께 기도할 제목

기도할 제목

년 월 일

오늘의 말씀:

나에게 주신 말씀

오늘 실천할 일

함께 기도할 제목

기도할 제목

"하나님의 도는

완전하고 여호와의 말씀은

정미하니 저는 자기에게 피하는

모든 자의 방패시로다"

(시 18:30)

년 월 일

오늘의 말씀:

나에게 주신 말씀

오늘 실천할 일

함께 기도할 제목

기도할 제목

년 월 일

오늘의 말씀:

나에게 주신 말씀

오늘 실천할 일

함께 기도할 제목

기도할 제목

년 월 일

오늘의 말씀:

나에게 주신 말씀

오늘 실천할 일

함께 기도할 제목

기도할 제목

년 월 일

오늘의 말씀:

나에게 주신 말씀

오늘 실천할 일

함께 기도할 제목

기도할 제목

년 월 일

오늘의 말씀:

오늘 실천할 일

함께 기도할 제목

나에게 주신 말씀

기도할 제목

년 월 일

오늘의 말씀:

나에게 주신 말씀

오늘 실천할 일

함께 기도할 제목

기도할 제목

년 월 일

오늘의 말씀:

오늘 실천할 일

함께 기도할 제목

나에게 주신 말씀

기도할 제목

"예수께서 가라사대
오히려 하나님의 말씀을 듣고
지키는 자가 복이 있느니라"
(눅 11:28)

년 월 일

오늘의 말씀:

나에게 주신 말씀

오늘 실천할 일

함께 기도할 제목

기도할 제목

년 월 일

오늘의 말씀:

나에게 주신 말씀

오늘 실천할 일

함께 기도할 제목

기도할 제목

년 월 일

오늘의 말씀:

오늘 실천할 일

함께 기도할 제목

나에게 주신 말씀

기도할 제목

년 월 일

오늘의 말씀:

오늘 실천할 일

함께 기도할 제목

나에게 주신 말씀

기도할 제목

년 월 일

오늘의 말씀:

오늘 실천할 일

함께 기도할 제목

나에게 주신 말씀

기도할 제목

년 월 일

오늘의 말씀:

오늘 실천할 일

함께 기도할 제목

나에게 주신 말씀

기도할 제목

년 월 일

오늘의 말씀:

오늘 실천할 일

함께 기도할 제목

나에게 주신 말씀

기도할 제목

"너희가 내안에 거하고

내말이 너희 안에 거하면

무엇이든지 원하는 대로 구하라

그리하면 이루리라"

(요 15:7)

년 월 일

오늘의 말씀:

오늘 실천할 일

함께 기도할 제목

나에게 주신 말씀

기도할 제목

년 월 일

오늘의 말씀:

나에게 주신 말씀

오늘 실천할 일

함께 기도할 제목

기도할 제목

년 월 일

오늘의 말씀:

나에게 주신 말씀

오늘 실천할 일

함께 기도할 제목

기도할 제목

년 월 일

오늘의 말씀:

오늘 실천할 일

함께 기도할 제목

나에게 주신 말씀

기도할 제목

년 월 일

오늘의 말씀:

나에게 주신 말씀

오늘 실천할 일

함께 기도할 제목

기도할 제목

년 월 일

오늘의 말씀:

나에게 주신 말씀

오늘 실천할 일

함께 기도할 제목

기도할 제목

년 월 일

오늘의 말씀:

오늘 실천할 일

함께 기도할 제목

나에게 주신 말씀

기도할 제목

"여호와의 교훈은

정직하여 마음을 기쁘게 하고

여호와의 계명은 순결하여

눈을 밝게 하도다"

(시 19:8)

년 월 일

오늘의 말씀:

오늘 실천할 일

함께 기도할 제목

나에게 주신 말씀

기도할 제목

년 월 일

오늘의 말씀:

오늘 실천할 일

함께 기도할 제목

나에게 주신 말씀

기도할 제목

년 월 일

오늘의 말씀:

나에게 주신 말씀

오늘 실천할 일

함께 기도할 제목

기도할 제목

년 월 일

오늘의 말씀:

나에게 주신 말씀

오늘 실천할 일

함께 기도할 제목

기도할 제목

년 월 일

오늘의 말씀:

나에게 주신 말씀

오늘 실천할 일

함께 기도할 제목

기도할 제목

년 월 일

오늘의 말씀:

오늘 실천할 일

함께 기도할 제목

나에게 주신 말씀

기도할 제목

년 월 일

오늘의 말씀:

오늘 실천할 일

함께 기도할 제목

나에게 주신 말씀

기도할 제목

"눈을 돌이켜

허탄한 것을

보지 말게 하시고

주의 도에 나를

소성케 하소서"

(시 119:37)

년 월 일

오늘의 말씀:

오늘 실천할 일

함께 기도할 제목

나에게 주신 말씀

기도할 제목

년 월 일

오늘의 말씀:

나에게 주신 말씀

오늘 실천할 일

함께 기도할 제목

기도할 제목

년 월 일

오늘의 말씀:

오늘 실천할 일

함께 기도할 제목

나에게 주신 말씀

기도할 제목

년 월 일

오늘의 말씀:

나에게 주신 말씀

오늘 실천할 일

함께 기도할 제목

기도할 제목

년 월 일

오늘의 말씀:

나에게 주신 말씀

오늘 실천할 일

함께 기도할 제목

기도할 제목